고장 난 기분

고장 난 기분

전지 글·그림

차례

7 인트로

17 **고장경험 01**
21 나는 왜 떠는가

24 **고장경험 02**
28 술이 고장에 윤활유가 될까

33 **고장경험 03**
37 내가 떠는 게 보여요, 안 보여요?

41 **고장경험 04**
45 불안에 대비하는 난리 난리

48 **고장경험 05**
54 아직 한 알 남았다

58 **고장경험 06**
64 나 자신 그대로로 서는 일

67	나아지기 연습 01	130	아우트로
71	상담을 받다	140	집필후기
76	나아지기 연습 02		
80	당신은 또 무얼 원할까		
85	나아지기 연습 03		
89	난 떨어요. 나 떨어요!		
93	나아지기 연습 04		
97	닮고 싶은 내향인 예찬		
101	나아지기 연습 05		
105	튀겨진 나의 아몬드		
110	나아지기 연습 06		
116	인정게임		
121	나아지기 연습 07		
125	새드엔딩		

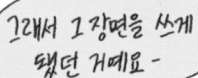

나는 사람 만나는 걸 좋아한다. 표정 관찰하는 것도 좋고, 대화를 하면서 상대를 웃기기 위해 말을 고르는 것도 즐긴다. 그런데 이런 기능들이 고장 나는 순간이 있다.

여럿이 함께 있는데 돌아가면서 이야기해보자는 순간. 그럴 때면 나는 누구의 눈을 쳐다봐야 할지 모르겠다. 목소리와 심장, 볼이 떨리고, 입술 근육이 불안정하게 움직이고, 머리가 꽁꽁 굳어서 이야기가 납작해지고 두서가 없어진다. 이 순간이 어서 끝나기를 기다리는 마음으로 말을 흘

리며 그냥 상황을 포기해버린다.

말하는 즉시 평가될 거라는 두려움, 뭔가를 잘하는 사람으로 보이고 싶은 욕망, 주목받는 것에 대한 공포.

나는 내가 고장 난 것 같다고 느낄 때 책이나 웹에서 관련 내용을 무작위로 찾아보는데, 그럴 때마다 '칭찬만 받고 싶은, 스스로에게만 몰두하는 나르시시스트'라고 나와서 더 절망했다. 전문가 상담 없이 검색만으로 나에 대해 알아보려다가 '주위에 이런 사람 있으면 꼭 피하세요' '알고 보면 무서운 유형' '가면 뒤의 진짜 얼굴' 같은 제목의 영상들을 보게 됐고, 그러면 내가 꼭 그 영상 속 빌런이 된 것 같았다.

아니, 드러나는 모습은 사람들 앞에서 몸을 덜덜 떠는 약한 존재인데, 왜 검색을 통해 원인을 찾아보면 거대 빌런 나르시시스트를 만나게 되는 거냐고….

나르시시스트에 관해 유튜브에서 찾아보면 '겉으로는

그렇게 안 보이지만 진짜 무서운 성향으로서, 살아가다가 만났다면 그가 알아차리지 못하게 자연스럽게 손절해서 피하는 게 좋을 만큼 극악무도한 존재'라는 식의 이야기를 쉽게 볼 수 있다. 그렇게 말초적인 검색 후 나는 더 바짝 굳어서 더는 내 실체를 알아보기가 무서워진다. 뭔가 잘못되었다는 느낌만 까맣게 껴안은 채 뜨거워진 아이패드를 끈다.

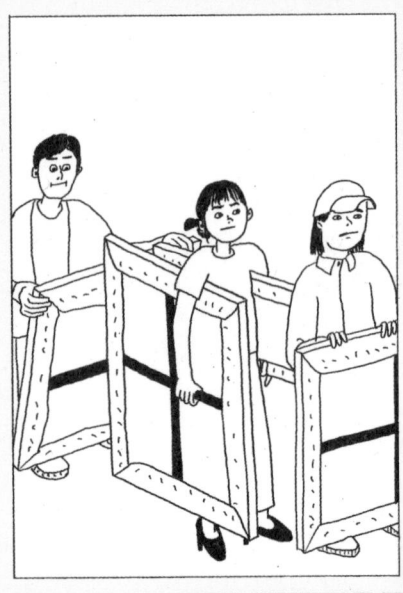

힐을 신고다닌지 3년째인데 사람들 시선 앞에서 걸으니.. 처음 신은듯 뚝딱였고, 성대가 좁아지니 호흡도 짧아지고.. 생각한 이야기의 반정도만 내뱉듯 이야기 할 수 있었다.

저는 제 가족에게 관심이 많습니다. 지금의 제가 만들어진 데 있어서 가장 큰 영향을 준 존재들이고요.

이따금 집안에 모여 있는 가족들이 생경하게 느껴져서 그 장면을 그로테스크하게 그려보고 싶었어요.. 이 사람들은 다 누군가.. 싶은 느낌으로요..

으음— 음...

내 그림을 보고 할말을 생각하시는 교수님들의 얼굴을 보며, 기다리는 동안 허벅지가 덜덜 떨렸다.

교수님들의 반응은 의외로 좋았다. 흥미로운 기법을 썼다고 했고 계속 이렇게 연작을 해봐도 좋겠다는 이야기를 들었다.

쿵 쿵 쿵

나는 왜 떠는가

나는 늘 '확신'이라는 단어에 꽂혀 있었다. 미술을 전공하던 대학 때 주위 동기들이 작업해나가는 모습을 보며 그 '확신 있어 보이는 상태'를 부러워했다.

그때 나는 큰 캔버스에 유화물감을 사용해 우리 가족 이야기를 그림으로 그렸는데, 작업하는 내내 이렇게 그려도 되는지 불안해했다. 그렇다고 주변에서 뭐라 하지는 않는 자유로운 분위기여서 내가 생각하는 작품의 완성도를 좇아 그림을 그려나갔다.

하지만 그때 누군가 '야, 너 이렇게 그리면 안 돼.'라고 말했다면 나는 '진짜? 어떡해;;;'라고 반응했을 것이다. 그만큼 나는 늘 겁먹은 상태였다. 언제든 혼날 것 같고, 틀린 것만 같은 기분.

현재 72세인 아버지는 스마트폰을 어려워하신다. 이따금 아버지가 어디에 회원가입이라도 할 일이 생기면 아버지 스마트폰을 같이 들여다보는데, 그럴 때마다 아버지는 잔뜩 움츠러드신다. 최대한 친절하게, 아버지가 불편하지 않게 알려드리려 하는데도 아버지는 잔뜩 긴장한 채 내 눈치를 보신다. 그런 아버지를 보면 어딘가에서 긴장한 채 덜덜 떨던 내가 오버랩되어 마음이 짠해진다.

그러고 보면 나를 덜덜 떨게 만드는 버튼은 머릿속에 공식이라도 있는 것처럼 '일정한 상황이 되면' 바로 작동하는 것 같다.
어디서 주워들은 단어인 '자기 부적절감'은 어떠한 상황에 자신이 어울리지 못하거나 적합하지 않다고 느끼는 것이라고 한다. 미술을 전공하던 대학 시절에 여러 그림을 그리고 이런저런 시도를 했지만, 마음으로는 늘 스스로에게 부적절감을 느끼고 부정적인 피드백을 하며 지냈다.

사실 이런 감정을 처음 느낀 건 자아가 드러나기 시작하던 고등학생 때였지만, 그때는 수십 명의 학생들 속에서 같은 행동만 하면 도드라질 일이 없는 주입식 교육환경에 기대어 잠잠하게 지낼 수 있었다. 그런데 미술을 하게 되면서 입을 열 기회가 많아지니 당황하는 일이 잦아진 것이다. 초중고 내내 말을 하지 않아도 되는 수업 방식에 완전히 적응했는데 갑자기 내 생각이나 의도, 표현 방법 등을 설명할 일이 생기니, 무엇을 생각해내든 틀린 것만 같고 말하면 비난받을 것 같아 자주 주저했다.

목소리는 큰 편인데 여러 사람 앞에서 이야기할 때는 배에 힘이 들어가지 않아서 모두에게 들리도록 이야기하기도 어려웠다. 내 목소리가 내 귀에 어색하게 들리니 누구를 쳐다보며 이야기해야 할지 시선까지 헤매게 되고, 그러다 보면 어지러워지면서 패닉상태에 이르는 것이다. 그냥 '안 할래요! 난 못 하겠습니다! 안 해요!' 하고 도망가고만 싶었다.

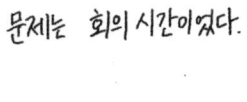

술이 고장에 윤활유가 될까

적어도 내 고장에는 술이 윤활유가 되었다.
술을 마시기 시작한 지 얼마 되지 않았을 때 '와, 진짜 원 없이, 내일이 없게 놀았다!' 싶었던 날엔 친구나 동료들과 친밀해진 느낌을 받고 몸이 펄펄하고 행복하기까지 했다. 다음날 유난히 심장이 뛴다고 느끼긴 했지만 말이다. 그리고 아마도 안 마시는 날보다 마시는 날이 더 많았기에, 긴장감에 대한 걱정도 덜 했던 것 같다.
술 덕분에 동료나 친구들과 더 가까워졌고, 술을 먹으

면 머리가 잘 돌아가는지 말도 잘하게 되는 것 같았다. 게다가 매력적, 치명적으로 보이고 싶은 욕망이 들끓어서였는지 술을 마신 내 캐릭터와 안 마신 내 캐릭터의 간극이 큰 게 어색하게 느껴지면 그날 저녁에는 더 많은 술을 마시곤 했다. 술을 마시면 말이 술술술 나오고 시선도 신경 쓰지 않고 불안하지도 않은 내가 원래의 나였으면 해서, 그 상태 그대로 계속 머무르고 싶은 마음이었다.

그전에는 뭘 너무 안 하고 살았기 때문에 몰랐나 본데, 알고 보니 내 속에는 어마어마한 인정욕구와 장악욕, 승부욕이 있었다. 술을 마시면 그 욕구를 마구 드러낼 수 있었고, 하여튼 '끝까지 마신다' 주의였기에 몸을 불사르는 술자리가 끝난 후 오는 '전사의 느낌'도 심장이 벌떡이도록 좋았다. 민망하지만 그때는 그게 나의 생동감이었다.

다행히 주변에 좋은 사람들이 많아 크게 손절당하거나 망신당하지는 않았다. (작게 작게는 몇 번 있었다….)

사실 술이 나의 고장에 윤활유로 작용해서 느낄 수 있었던 자연스러움과 만족감은 진짜 내 것이 아닌 짧은 꿈 같은 경험이었다. 술자리에서 느꼈던 친밀감, 연대감, 예술적인 대화가 모두 가짜였다고 말하기엔 서운하지만, 맨정신으로 안 되는데 취한 상태에서만 되는 거라면 잠깐의 경험 정도가 맞았다.

술자리에서는 노래도 부르고 이야기도 길-게 하고, 가까운 음식 먼 음식도 자연스러운 팔동작으로 잘 챙겨 먹는다. 하지만 술이 깬 나는 동료들과 식사할 때 이따금 내 팔꿈치 관절의 움직임이 부자연스럽다는 생각에 꽂혀 바로 앞에 있는 밥과 국 정도만 먹을 수 있는 사람이다. 그 정도가 진짜 내 영역인 거다.

첫 직장에서 같이 일하는 동료들과 사이가 좋았는데, 그중에 말을 굉장히 논리적으로 잘하는 동료 앞에서는 특히 밥과 국만 먹었다. 어떤 사람이 크게 매력적이거나 무언가를 뛰어나게 잘한다고 느끼면, 나는 생각과 몸이 같이 굳기 시작해서 소소한 이야기를 곁들여 식사하는 그 유연해 보이는 자리에서도 크게 긴장한다. 밥 먹는데 긴장하고 있다는 사실을 숨기기 위해 자연스러운 척 연기하다 보니 내 팔동작에 집중하게 되고, 마치 카메라가 나를 촬영하고 있기라도 하듯 온몸에 힘이 들어간다. 그게 힘들어서 밥을 그만 먹고 싶을 때도 있었다.

내가 긴장감 때문에 술을 먹는다는 걸 깨닫고 인정하게 된 건 더 나중 일이고, 막 술을 마시기 시작했던 때의 나는 스스로 술을 즐기며 사람을 좋아하는 성격이라고만 생각했다. 평소에 내가 긴장감을 느끼는 건 '고장'과 같은 거라고, 뭔가 내게 문제가 있는 거라고만 지레짐작했다. (그때는 지금처럼 인터넷이 발달한 게 아니어서 관련 정보를 얻기도 쉽지 않았다.)

그렇게 4~5년을 정말 재미있게, 아름답게 술을 마시다가 정말로 내 신체가 고장 났다. 술을 먹고 귀가해서 엄마와 함께 방에서 잠을 자다가 나는 발작을 했다. 정신이 들었을 땐 방에 구급대원들이 들어와 있었고 나는 구급이송 침대로 옮겨지고 있었다.
　병원에서 MRI, CT까지 다 찍었지만 다행히 간질파가 나오지는 않았다고 했다. 딸이 얼마나 술을 많이 마시고 다니는지 모르는 엄마는 그저 작업하느라 밤을 많이 새서 그렇게 된 줄 알고 눈썹이 여덟 팔 자가 되어 있었다. 나는 좀 멋쩍고 미안했다.
　엄마에게는 술을 많이 마셔서 이렇게 됐다는 얘기를 일

절 하지 않았지만 의사에게는 일대일 면담 때 털어놓았다. 의사는 수긍이 간다는 표정을 지었다. 이후로도 나는 몇 개월에 한 번씩 발작했고, 그래도 술을 마셨다. 술을 마셨을 때의 편안함과 즐거움을 정말, 너무나, 놓치기 싫었다.

팟캐스트 <비혼세>를 좋아하는데, 그중에서도 제일 좋아하는 에피소드가 캥작가님이 술 마신 이야기를 해주는 회차다. 나도 술을 그렇게 재미로, 즐거움으로, 아름답고 유쾌한 에피소드로만 접하고 싶은데….

몇 번씩 병원을 들락거리고 나니 이제는 조금 멋쩍고 씁쓸한 마음으로 변화를 도모하는 시기를 보내고 있다. 절주 생활을 한 지 3~4년이 되었고, 40대가 되니 같이 술 마시던 친구들도 일에 매진하거나 건강에 신경 쓰느라 이제 술 약속도 없다. 이 잔잔한 생활을 다행히 안정감 있게 받아들이는 요즘이다.

뭐, 잠깐이었지만 이 뚝딱이가 술이라는 윤활유 덕분에 매끄러운 사회생활과 인간관계를 경험할 수 있었다는 것엔 가슴을 쓸어내리며 만족한다.

내가 떠는 게 보여요, 안 보여요?

　나는 내가 떨 때마다 다른 사람들 눈에 어떻게 보이는지 꼭 확인하고 싶었다.
　한번은 가족들과 식사하는 자리였는데 아빠가 가족들에게 일방적으로 화를 냈다. 나는 아빠에게 그런 행동이 얼마나 잘못된 건지 말하며 언성을 높였고, 그때도 떨었다. 가족들이 돌아간 후 남편에게 "아까 나 떨었지?" 하고 물으니 "응. 떨더라."고 사실대로 얘기해주어 좋았다. '이렇게 말하면 아빠가 더 화낼 것 같은데.' 하는 생각과 두려움 속에 말을 꺼내다가 떤 것 같다고 말했고 남편은 공감해주었다.
 이와 다르게, 분명히 나는 덜덜 떨면서 부자연스럽게 얘기했는데 그걸 다 본 동료나 지인이 내 집요한 물음에도 잘 모르겠다고만 하면 속이 더 복잡해졌다.

 언젠가 문화재단의 지원사업에 참여하면서 작업에 관해 프레젠테이션을 했는데, 만반의 준비를 했음에도 떨렸다. 나에게 만반의 준비란 '대본'을 쓰는 것이다. 이야기할 내용을 인사와 자기소개, 본론까지 구어체로 써서 준비한다. 문제는 현장에서 대본을 읽을 때 자연스러워야 하는데 그러지 못하는 경우가 많다는 것이다. 그날도 자연스러움을 연기하는 데 실패한 나는 당황해 길을 잃고 헤매다가 겨우겨우 정신줄을 부여잡고 이야기를 급히 매듭지었다.
 또 어떤 날의 작업발표 때였다. 시작이 순조로워서였는지 준비한 말은 다 전했으나, 입만 자유로웠는지 몸은 경직되고 뻣뻣한 팔꿈치 관절이 신경 쓰이고 손이 떨렸다. 발표를 마친 사람이 자기 디지털 발표 자료를 끄고 내려오면 다음 사람이 발표하러 나가는 식으로 진행되었는데, 자리로 돌아오고 보니 떨리는 뚝딱손으로 뭘 잘못 클릭했는지 내 작업 이미지 파일 하나가 모두가 함께 보는 빔프로젝터의 배경 화면으로 떠 있었다.

집에 돌아와서 그날의 굴욕을 SNS에 구구절절 남겨놓았는데 그 발표 현장에 있었던 분이 '떠는지 전혀 모르겠던데요?'라고 댓글을 남기셔서 또 한 번 혼란스러웠다.

나는 차라리 내가 덜덜 떠는 사람이라는 걸 동네방네 소문내고 싶다. 그러면 어차피 나는 떠는 사람이니까 사람들이 큰 기대를 하지 않고, 떤다고 해도 '저 사람 원래 떨어.' 하고 넘어가 줄 것 같기 때문이다.

사회불안증(나중에 알고 보니 이게 내 병명이라면 병명이다)이 있는 사람들이 가장 두려워하는 게 '내가 떨고 있다는 걸 사람들이 알게 되는 것'이라고 하는데 이 부분에서 늘 헷갈린다. 물론 떠는 것보다는 떨지 않는 게 좋은 거니까 당연히 안 떠는 사람으로 보이고 싶겠지만, 떨리는 건 스스로 괴로운 상태인데 다른 사람이 나를 떠는 사람으로 보고 이상하게 생각하는 게 과연 더 두려울까? 내가 떠는 걸 사람들이 다 알게 되어도 상관없는 게 나의 진심인지, 실제로는 떠는 걸 절대로 들키고 싶지 않아서 그걸 숨기려고 더 경직되는 것인지 정말 헷갈린다.

    내가 떠는 건 그저 발표 경험이 부족해서인지, 역량에 비해 잘하고 싶기 때문인지, 혼날까 봐 무섭고 확신이 없어서인지, 아니면 이 모든 게 다 이유인지… 발표 전날 밤에는 늘 머리를 부여잡는다.

불안에 대비하는 난리 난리

작업에 관한 글을 쓸 때는 보통 낮춤말 해라체(~한다. ~이다.)를 쓴다. 하지만 발표를 위한 대본을 쓸 때는 구어체(~해서요. ~예요.)로 변경하는데, 그게 또 막상 읽으면 이상하다. 하긴, 숟가락질 동작에도 어색함을 느끼는 사람이 그냥 넘어갈 리가.

그래서 줌회의 때 미리 대본을 준비해뒀어도 내 차례가 되기 전까지 옆에 대본 창을 따로 열어놓고 계속 수정한다. '~했어요.'를 '~했습니다.'로 고쳤다기 '~했지요.'로 바꾸는 등, 다른 사람 이야기는 잘 듣지 않고 내가 이야기할 내용에만 신경 쓰며 전전긍긍하는 적이 많다.

발표나 회의가 있는 날에는 2시간 전, 1시간 전, 30분 전, 10분 전, 이런 식으로 알람을 촘촘하게 맞춰놓는 편이다. 발표나 회의 시간을 까먹을까 봐 그렇게 하는 것도 있지만 시작하기 전에는 종일 불안하므로 한 번씩 끊어주며 남은 시간을 확보하는 게 그나마 안심이 되어서다. 알람 덕분에 '두 시간이나 남았네.' '아직 30분 전이다.' 이렇게 생각도 하고. 아무튼 알람을 맞춰놓지 않으면 불안하다.

직접 대면하는 면접이나 회의가 있으면 최대한 일찍 회의 장소 인근에 도착해 시간을 보낸다. 한 시간 정도는 일찍 가서 주변을 맴돌거나 차분하게 앉아 있을 만한 곳을 찾아서 또 알람을 쪼개 맞추고는 슬슬 밀려오는 긴장을 온몸으로 느끼며 시간을 보낸다.

언젠가 발표날에는 나와 함께 프레젠테이션에 들어갈 작가님이 나처럼 꽤 일찍 도착하신 걸 봤다. 반가워서 인사를 건넸는데 작가님은 "아… 죄송한데 저 혼자 시간을 좀 가져야 할 것 같아서요…."라고 하시고는 긴장한 얼굴로 자리를 옮겼다. 나와 비슷한 상황이구나, 싶어서 혼자 내적 친밀감을 느꼈다.

나중에 들었는데 작가님은 나처럼 불안감에 쩔쩔매거나 대본 쓰기에 그치는 게 아니라(내 생각이지만), 성실한 배우처럼 대본을 달달 외워서 연기하듯 발표에 임한다고 했다. 프레젠테이션 때 작가님은 정말 훌륭한 배우처럼 너무나 자연스럽게 말씀을 잘하셨다. 저렇게 해야 발표가 좋은 기억으로 남고 좋은 기억이 쌓이면 스스로 확신이 생기고 그만큼 불안감도 줄어들겠구나, 생각했다. 유튜브에 '발표불안' '발표울렁증'을 검색하면 이런 식의 대안을 이야기하는 분이 많다. 나는 늘 실제상황에서 내가 써놓은 대본을 연기하듯 표현하는 게 어색해 중간에 포기하는데, 완벽한 연기를 위해 더 많이 연습해야 하는 거였다. "너, 더 열심히는 해봤어?" 하는 물음에는 늘 할 말이 없다.

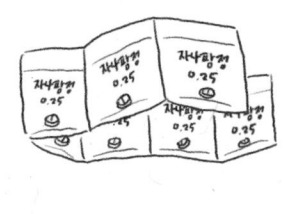

아직 한 알 남았다

 아티스트 토크 일주일 전, 나는 늘 반복되는 상황이 답답하고 또 불안해져서 적극적으로 대안을 찾기로 했다.
 집에서 멀지 않은, 리뷰가 좋은 한 신경정신과를 찾았다. 신도시 상가건물에 있는 병원으로 인테리어가 편안했고 간호사분들도 친절하고 섬세했다. 40대 초중반으로 보이는 남자 의사 선생님께 진료를 받았는데, 나는 자리에 앉자마자 내가 겪는 어려움을 쏟아내듯 이야기했다.

"저는 미술 활동을 하는 작가인데요, 사람들 앞에서 말할 때 굉장히 떨려요. 근데 그게 대중이 없어서, 어떤 때는 저만 아는 정도의 떨림이고, 어떤 때는 다들 알 수 있을 정도로 목소리가 덜덜 떨리기도 해요. 어젯밤에는 일주일 뒤에 있을 발표(아티스트 토크)를 생각하니 갑자기 심장이 쿵쾅거리고 호흡이 물리적으로 답답해졌어요. 잠들기 전이라 옆에 남편이 있었는데, 기분이 너무 안 좋고 내가 이상한 사람이 되는 것 같은 게 참을 수 없이 두려워져서, 혼자 거실로 나와서 크게 숨을 쉬고 불안해했어요. 참고로 남편과는 사이가 좋아요. 나중에 제가 걱정되어 거실로 따라 나온 남편에게 마음 상태를 다 털어놓고 조금 울고 나니까 쿵쾅대던 게 사그라들어서 다시 잘 수 있었어요. 저는 제게 발표불안이 있는 걸 다른 사람이 알아도 정말 상관없다고 생각하는데, 저는 왜 이러는 걸까요? 사실 들키고 싶지 않은 걸까요?"

의사 선생님은 내 이야기를 다 듣고는 많이들 그런 문제로 힘들어한다면서 발표불안의 원리를 설명해주었다. 자신을 너무 크게 인식하다 보니 다른 사람의 **평가가 두려**

워져서 약간의 공황처럼 오는 거라고 했다. 그러면서 이렇게 말했다. "일주일 치 자나팜정을 아주 적은 용량으로 처방해 드릴게요. 발표 한 시간 전에 드시면 도움이 될 거예요. 그리고 아마 다시 병원에 오지는 않으실 것 같아요."

내가 다시 병원에 오지 않을 것 같다는 의사 선생님의 말씀에서 희망을 느꼈다. 신경정신과의 상담이나 처방은 되게 비쌀 것 같아 걱정이었는데, 2만 원대의 진료비가 나온 것도 다행스러웠다.

그리고 처방받은 자나팜정 0.25g 일주일 치는 공포의 아티스트 토크 때 한 알, 친언니와 크게 싸우고 너무 화가 나 심장이 뛰고 잠이 안 왔던 이틀간 두 알, 단체로 하는 줌 회의 두 번에 두 알, 프로젝트 결과 발표를 온라인 중계로 한다고 해서 한 알을 먹었다. 남은 한 알은 집게로 집어 책장 선반에 매달아놓았다.

다음주에 또 온라인으로 단체 줌회의를 해야 하는데 마지막 남은 한 알을 먹을지 말지 고민이다. 억울한 감정이 올라와서 잠이 오지 않고 심장이 너무 뛸 때는 어차피 혼자 있어서인지 진정 효과가 있는 것 같았는데, 사람들 앞에서 말할 때 떨리는 건 0.25그램으로는 아무래도 부족하다.

두 번의 줌회의 전에 먹었지만, 그때도 너무 불안했고 심장이 많이 뛰어서 편안하게 얘기하지 못했다. 그렇다고 선생님과 상의 없이 한 번에 두 알을 먹으면 안 될 것 같고, 약까지 먹었는데 내 심장이 약을 이기는 것 같아 무력감도 들었다. 또 약을 먹은 날에는 술도 하면 안 되다 보니, 효과를 못 느낄 바에야 차라리 끝나고 술이라도 마실 수 있는 게 낫지 않나 싶었다.

그래도 책장에 매달아놓은 자나팜정 한 알을 볼 때마다 무슨 마법의 구슬이라도 하나 가지고 있는 것 같아서 없는 것보다는 꽤 든든하다.

여러 사람이 참여하는 미팅이 온라인으로 변경된다고 하면 내심 반갑다. 지난번 자나깡정을 먹고 했던 작가와의 대화 이후로 회피가 더 커진 이유도 있다.

더더욱이나 이번 온라인 줌 미팅은 이전에 몇차례나 작업을 함께했던 친근감이 있는 팀이어서 온라인이면 더 편안할 것 같았다.

그렇게 나는 또 촘촘한 대본을 써놓았고, 줌미팅 당일이 되었다.

한 알 남은 자나팡정은 오늘 먹지 않기로 했다. 한번 안먹고 해보고 싶었고, 줌미팅이 끝나면 긴장을 풀 겸 시원한 맥주를 마시고도 싶었다.

그런데 줌미팅 시간이 점점 다가오자... 예전 코로나 시절에 집에서 줌회의를 했을 때 내모니터의 큰 화면과 선명함이 생각났고, 지금 너무 고요한 집도 부담스럽기 시작했다.

모니터가 너무 큰게 아닐까..?

집이 너무 조용한 건 아닐까?ㅠㅠ

나 자신 그대로로 서는 일

그러고 보면 미리 준비한 대본을 가지고 자연스럽게 발표할 수 있을 때까지 연습하는 것만 빼면 '그저 그런 방법'들은 정말 많이 시도해봤다. 미리 현장에 가서 시간을 보내며 알람 쪼개 맞추기, 신경안정제 먹기, 온라인으로 회의할 때 내 얼굴이 보이면 신경 쓰이니까 내 얼굴 부분만 포스트잇 붙여 가리기, 화면이 최대한 작은 기계로 줌미팅 참여하기, 떨리는 신체 부분을 터치해서 진정하기, 발표할 때 함께 있는 사람 뒤에 숨어서 하기.

언젠가 자신에 대한 상이 좀 일그러져 있던 사람에게 오은영 박사님이 어깨를 고쳐 피는 행동을 하면서 '난 그냥 나야. 나는 나로서 충분해.'라고 생각하라고 조언했던 장면이 기억에 남는다. '세상아, 덤벼라!'까지는 아니고 그냥 세상과 덤덤하게 마주하라는 이야기 같았다. 내가 추구하는 자아의 상도 그것에 가깝다. 늘 '덤덤함'을 이상으로 꿈꾸며 살고 있다.

하지만 '덤덤하기'는 꽤 든든한 내적 자원이 필요하다는 것을 여러 번 고꾸라진 경험으로 느끼고 있다. 나는 덤덤하다고 하기에는 나 자신을 의심하고, 비교하고, 스스로에게 부정적인 피드백을 하거나 회피하는 방법을 자주 택한다. 그래서 어떤 상황을 해결하거나 넘어서는 경험보다는 '어찌어찌 지나가버린' 경험을 축적해가고 있는 것 같다. 그러니 매번 같은 상황에서 불안해지고, 오두방정을 떨어 부산하게 굴다가 어찌어찌 또 적당한 수치심과 실망감을 안고, 상황이 종료되면 안도하는 것이다.

혹시 이렇게 말하는 것도 스스로에게 너무 박하고 부정적인 피드백일까? 어찌어찌 끝나더라도 도망 안 가고 그 상황을 직면하고 통과한 것만으로도 잘했다고 생각해야 하는 걸까? (그런데 아무리 그래도 그건 너무 억지 칭찬 아닌가….)

사실 나는 나에게 어느 정도 만족하고, 그렇게 큰 야망을 품지 않는다. 완벽주의자라고 할 정도는 아니게 적당한 선에서 쉽게 만족하고 끝내고 쉴 줄 아는 사람이라고 생각한다. 그런데 어느 부분에 결여나 뒤틀림, 오류, 고장이 찾아와 떨게 되는 걸까?

질문과 의문은 계속 생겨나고 그 해답을 온갖 검색을 통해 알아내려 하니, 억지로 끼워 맞추기식 엉성한 분석 자료만 쌓이는 것 같다.

아무래도 진짜 상담을 받아봐야겠다.

상담을 받다

나는 예술인복지재단에 예술가로 등록되어 있다. 그러면 지원사업을 신청할 수 있고 파견 활동 같은 것으로 소정의 월급을 받으며 지역에서 일할 수 있어서 매번 갱신해서 유지한다. 긴장과 떨림 때문에 불편할 때마다 상담을 받아봐야겠다고 생각했는데, 마침 예술인복지재단에서 지역상담기관을 연결해주는 지원사업이 있어 절실한 마음으로 신청했다. 다행히 집과 가까운 상담소를 배정받아 총 12회 상담을 받을 수 있었다.

TV 프로그램 오은영의 <금쪽상담소>에서 연예인들이 하던, 문항 많은 MMPI(미네소타 다면적 인성검사)를 하고 상담이 시작되었다. 나는 그간 느꼈던 어려움, 불편함, 떨림의 순간들과 함께, 내가 얼마나 간절하게 편안해지고 싶은지, 어떤 메커니즘으로 내게 오류가 나는지에 대한 궁금증까지 모두 털어놓았다.

"전지 님, 내가 다른 사람에게 어떻게 보일까 하는 불안은 다른 사람을 더 생각하는 데서 비롯되는 것 같지만, 실은 다른 사람 눈에 내가 어떻게 보일지를 계속 생각하는 거여서 타인보다 자신에 대한 범위가 큰 거예요."

쿵.

나는 내가 다른 사람의 눈치를 보는 걸로 생각해서 다른 사람을 더 많이 생각하는 줄 알았는데 나를 더 많이 생각하는 거였다니. 너무 민망해서 가슴이 내려앉는 것 같았다. 그런데, 그러면, 왜 나는 나의 범위가 이렇게 큰 걸까? 자신을 온전히 수용하지 못하면 타인으로부터 인정을 받으려 한다는 이야기가 나에게도 적용이 되는 걸까?

나의 부모님은 자식들에게 헌신적이고 매우 성실하신 분들이다. 하지만 일관적이기보다는 기분에 따라 행동이 달라지곤 하셨다. 내가 부모님 마음에 들지 않는 행동을 하면 비난하거나 언니와 비교하기도 했다.

어렸을 때는 어떻게 하면 부모님이 화를 안 낼까, 뭘 좋아하실까 눈치를 보며 행동했던 것 같다. 온전한 수용보다는 항상 조건이 붙는다고 느꼈고 때에 따라 다른 수용을 경험했기에 늘 불안해했다. 첫 관계를 맺은 대상인 부모님에게서 이렇듯 혼란스러운 수용을 경험했기에 나 자신을 있는 그대로 수용하는 데 어려움을 느끼고, 계속해서 타인으로부터 인정과 호응을 받지 않으면 불안해하는 것이었다.

다 커버린 상태에서 이렇게 탐구하는 건 부모님의 잘잘못을 가리는 것 같아 죄책감이 들기도 한다. 하지만 내 '고장'의 뿌리를 찾아가다 보면 어릴 적 맺은 관계의 첫 감각이 부모님과 닿아 있어 근원을 정리하는 차원에서 과거를 많이 회상하게 되었다.

온전한 수용의 시기를 놓친 나는 나를 수용하는 기준을 자주 타인에게 맞춘다. 그래서 상황이 바뀌거나 사람이

바뀔 때마다 혼란스럽다. 상황마다 사람마다 수용의 기준은 모두 다를 테니까.

'내가 나를 편하게 느껴야 타인도 나를 편하게 느낄 수 있다'는 말은 나에게 열쇠가 되기도 하지만 어려운 숙제이다. 무언가를 수행할 때 가장 확신하기 힘든 게 그 '느낌'이기 때문이다. 내 느낌이 맞다는 것을 다른 사람 도움 없이 나 홀로 판단하기가 어렵다.

'저런 행동은 엄마가 싫어하니까 나는 안 해야지.'
'저런 의견은 선생님이 싫어하니까 나는 잠자코 있어야지.'

어렸을 때 불안정한 애착관계를 경험한 나는 내 자신의 느낌에 확신을 갖기 어려워서 상대가 나를 수용하는지 안 하는지 반응과 결과를 지켜보며 내 행동과 관계에 대한 데이터를 만들어왔던 것이 아닐까?

상담 선생님은 자기 자신에게 불만이 많으면 타인을 볼 때에도 안 좋은 점이 더 많이 보이고 불편해지는 거라고 하셨다. 내 긴장의 근원을 알아내는 일이 점점 더 두렵고 어려워진다. 어디까지 들어가야 만나게 될까. 이걸 책으로 써서 펴내도 사람들과 관계를 맺고 살아갈 수 있을까…. 파면 팔수록 무서워진다.

'내가 서 있는 바닥이 흔들리는 것 같아.'

당신은 또 무얼 원할까

　편안한 상대와 이야기를 나눌 때에도 과도하게 '시선'에 몰입되는 경우가 있다. 함께 이동하면서 대화하는 게 아니라 마주 보고 이야기를 나눌 때는 보통 상대의 눈을 바라보며 고개를 끄덕이거나 대답하게 되는데, 그렇게 호응하는 데만 몰두해서 '나는 당신에게 호의적입니다, 나는 잘 듣고 있습니다!' 하는 마음을 피력하느라고 정작 이야기에 집중을 못 하는 것이다.
　심지어 눈을 마주치고 있다가 시선을 돌릴 타이밍이 보

이지 않으면 계속 뚫어지게 상대를 보는데, 나는 이게 '서로 시선에 잡아먹히는 상태'라고 생각한다. 그렇게 끊임없이 시선을 마주치면서 호응하다 보면 어지러움을 느끼기도 한다.

어릴 적으로 다시 되짚어가 보면, 나는 엄마의 긍정적인 반응을 끌어내기 위해 갖은 '예쁜 짓'을 하려는 아기였을까? 똘망똘망하게 호응하지 않으면 부정적인 반응을 겪었던 것일까? 아니면 타고난 기질인 걸까? (상담 선생님 없이 혼자 탐구할 때면 어릴 적 젊었던 엄마 아빠에게 받은 영향을 원인이라고 생각해도 될지 멋쩍고 헷갈린다. 자꾸만 내 타고난 기질 쪽으로 돌리게 된다.)

상대방의 반응에 따라 할 말이 달라지고, 이왕이면 상대가 재밌어하거나 옳다고 생각하는 쪽으로 호응하거나 이야기를 풀어나가는 건 사회성의 발로이기도 해서 이상할 일은 아니다. 그런데 문제는 인정욕구가 과하면 혼자만의 예상으로 '상대가 재밌어할 것 같은, 옳다고 생각할 것 같은, 멋지다고 생각할 것 같은, 공감할 것 같은' 이야기를 마치 낚시하듯 하게 된다는 점이다.

실제로는 그렇게까지 생각하지 않으면서도 인정받거나 공감받거나 칭찬받고 싶어서 무리한 이야기를 꺼내놓고 반응을 기다린다. 감이 좋은(?) 날엔 예상이 적중해 상대가 재미있어하거나 호감을 표하면 만족스러워서 기쁘고, 예상이 빗나간 날엔 어색한 기류가 돌아 실패감을 맛보기도 한다.

대화할 때 나의 상태와 마음을 중요하게 생각하면서 이야기 자체에 몰입하기보다, 어떻게 하면 상대의 호감을 얻을지에 몰두한다. 예상이 적중해서 호감을 얻었다고 해도 이후로 그 상태를 유지할 수 있을지 불안감이 커지고, 계속 상대를 살피며 압박감에 휩싸인다.

상담 선생님과 열 번 정도 만나면서 나의 이런 부분을 분명히 인지했는데, 상담이 거의 끝나갈 무렵에 나는 또 선생님의 호감을 사고 싶어서 무리한 말을 했다.

"다음 작가와의 대화는 약을 안 먹고 해보려고요."

이렇게 말하면 선생님이 "좋아요. 그렇게 해보는 거예요. 전지 씨 용기 있네요."라고 칭찬해주실 줄 알았나 보다, 나는….

예전에 아기였던 조카를 봐주었을 때, 조카가 어쩌다가 예쁜 짓을 하는 게 너무 귀여워서 크게 웃고 뽀뽀를 해주며 좋아했다. (턱을 당기며 부르르 떠는 행동으로 기억한다. 아기마다 특유의 행동이 있는데 그런 걸 어른들이 '예쁜 짓'이라고 했다.) 그랬더니 돌을 갓 넘긴 조카가 계속해서 그 행동을 반복했는데 예쁜 짓 강도가 점점 세지면서 얼굴에 힘이 들어가 벌게지기까지 했다. 그 모습을 보니 기분이 이상해져서 "그만해, 그만…." 하며 조카를 달랬던 기억이 있다. 뭔가 잘못되었다는 생각이 들어서였다.

상대를 만족시키기 위해 나의 욕구 이상의 것을 하려는 마음, 그게 인정욕구다. 아기 때부터 그런 반응과 욕구는 가능하다.

사람들과의 연대감이 높고 인정욕구가 강한 나는 상대가 어떤 것에 관심이 있고 무엇을 좋아하는지 파악하는 데에 에너지를 너무 많이 쏟고, 그게 파악이 되면 게이지 올라가는 소리가 들릴 정도로 집중하고 애를 쓴다. 가끔은 무리수를 두거나 도를 넘어 경솔한 지경까지 가서 후회를 하기도 한다.

뭔가 잘못된 것 같은 순간들이 반복되면서 확실히 문제가 있다는 걸 인지했다. 그리고 나는 뭔가 진짜 잘못된 게 들어 있을까 봐 마주하기 두려운 마음으로 나의 내면을 들여다본다. 벌떡벌떡, 콩닥콩닥, 불안불안, 워워… 워워.

나는 이제 셀프로 진정(鎭靜)하는 연습을 시작한다.

나아지기연습 03

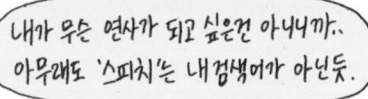

난 떨어요, 나 떨어요!

평생 ADHD 증상으로 살아온 사람이 ADHD 약을 처방받아 복용하고 나서 일반 사람들은 이렇게 평온한 상태로 살았던 거냐며 그간 힘들었던 이야기를 쓴 책을 읽었다. 나 역시 사람들 앞에 서거나 여럿이 함께 있을 때 긴장감과 압박감을 민감하게 느끼는 처지에서, 부정적인 감정에 휩싸이지 않고도 일상생활이 가능한 사람을 만나면 이렇게 말하고 싶어진다.

"그 평온함이 정말 부러워요. 정말 귀한 걸 가지고 있군요."

 자기 자신으로 머릿속이 가득 찬 사람의 입장에서 봤을 때, 얼마든지 다른 것들을 품거나 탐구할 여유가 있는 사람의 안정감과 비어 있음은 정말이지 도달하고 싶은 경지다.

 그동안 나는 비대한 자아에 대해 굴욕감과 수치심을 가지고 있었다. 창작자로 살면서 자기 스스로에 대한 탐구는 당연한 것 같지만 내가 어떻게 보일지, 어떻게 평가될지, 어떻게 하면 사람들의 호감을 살지에 유독 과몰입하는 상태는 뭔가 오류 같고 불편하다.
 이러한 헷갈림과 불안감, 불편한 마음을 이따금 SNS에 글로 써왔다. 나에게 뭔가 오류가 있다고, 그러니 내가 떨거나 불안해 보였거나 상황에 맞지 않은 말을 했던 건 그 오류 때문이라고 간접적으로 해명하고 하소연했다. 그리고 나와 비슷한 어려움을 겪는 사람이 있는지 늘 찾았다.
 그러면 자신도 그런 상황에서 떤다고, 혹은 (나의 떨림이) 티가 잘 나지 않아서 전혀 몰랐다고, 또는 자신은 이러저러한 방법을 쓴다는 댓글이 달렸다. 그런 피드백을 받으면 한결 마음이 편해졌다. 덕분에 긴장을 많이 한 날엔 꼭 그날 일과 마음을 SNS에 써서 내 상태를 알렸다. 내가 떠는 사람이라는 걸 주변 사람들이 알게 하고 싶었다. 그게 내가 찾은, 편안해지는 방법이었다.

글이나 만화로 내가 떠는 사람이라는 것을 고백하고 노출했다고 해서 상황이 크게 달라지지는 않았지만(여전히 떨지만) 심리적 부담감이 줄어드는 건 확실했다. 예전에는 친한 친구에게만 털어놓았던 말을 전체공개로 SNS에 쓰고 이렇게 떠는 사람이라고 책까지 쓰고 있으니 나는 이제 더 편안해지겠지? (제발!)

언젠가 압박감이 절정에 달했을 때, 사람들이 나에게 어떠한 기대도 하지 않도록 만들고 싶다고까지 생각했다. 그냥 '쟤는 잘 못하는 사람이다.' 혹은 '저 사람 원래 떤다.'라고 생각하도록 자조로 가득한 새까맣고 뾰족한 글을 썼다가, 막상 게시하려니 혼자 너무 비장하게 굴을 파고 있는 것 같아서 고심 끝에 멈춘 적이 있다. (글을 올리려고 하니 심장이 쿵쾅 하고 뛰던 게, 올렸다면 며칠은 반응을 보며 불안해했을 것이다.)

사람들 앞에서 좀 떤다고 해서 스스로를 나락으로 보내려던 글을 나중에 다시 읽어보니 너무 맹꽁이 같았다. 불안에 덜덜 떨다가 자신을 궁지로 내몬, 겁에 질린 어린아이가 보였다. SNS에 올렸다면 분명 후회했을 거다.

타인의 시선으로 스스로를 검열하는 피곤한 버릇이 가끔은 이렇게 제동장치가 되어준다.

닮고 싶은 내향인 예찬

    타고난 기질이 내향형인 사람의 머뭇거리는 호흡을 좋아한다.
    팟캐스트 <혼밥 생활자의 책장> 14화 콰이어트 편에서 진행자 김다은 피디님은 이렇게 말했다. "저는 내향형 사람이 땀을 삐질거리며 이야기하는 모습을 볼 때, 아름답게 보여요. (중략) 내향적인 점을 '고쳐야 할 점'으로만 생각하기보다 그런 것이야말로 원석에 가까운 것이고, 그 가치를 알아주는 사람이 당신 옆에 있으면 될 것 같다고 생각해요." 이어서 패널로 출연한 노명호 교수님은 "내향형인 사람이 말할 때 보면 진실을 찾으려는 몸짓으로 보이기도 해요."라고 하셨다.

내향형 사람에 대해 이야기한다고 해서 반가운 마음에 방송을 다운받아 안양천을 걸으며 들었다. 김다은 피디님의 말에 울컥해져 길에서 눈 주위가 벌게졌다.

사실 나는 내향형보다는 외향형에 가까운 사람으로 30년 넘게 살았는데, 나의 오류와 불안감을 쫓아 탐구하다 보니 내향형 사람 이야기에 가닿았고 내가 살아온 모습과는 다르게 그 기질을 좋아하고 지향한다는 걸 알게 되었다.

내향형 사람이 긴장하고 떠는 것과 내가 긴장하고 떠는 것은 다르다. 오히려 기질이 내향형인 사람은 긴장도는 있지만 하려는 이야기를 적확하게 표현하고 다른 첨언을 하지 않아 명료하고 몰입감 있는 경우가 많다. 그런데 나처럼 평가에 절절매는 사람은 내 이야기가 사람들을 만족시킬지 확신이 없고 자신이 없어서 두려움에 떠는 것이니 이야기가 빙글빙글 겉돌 때가 있다. (아, 글을 쓰면서도 현타가 온다….)

겉으로 드러나는 모습은 비슷하지만 내면적으로는 분명히 다른 이 구별점을 분석하다 보면, 나 자신을 '미운 아이' 대하듯 하는 부정적인 감정이 많이 올라온다. 하지만 여기서 미운 아이를 꼴 보기 싫다고 생각하면 나는 더 변할 수 없을 것 같고 계속 불안하고 정서적으로 고립될 것 같기에 마음을 바꿔 먹는 게 중요하다.

나이스하게 보이고 싶은 욕망, 잘하지 못하면 소외될 것 같아 불안해하는 스스로를 밉상으로 보기보다는, 그렇게 하지 않으면 소외되었던 어릴 적 경험과 나름 생존하려고 분투하다가 생긴 뾰족한 욕망을 안쓰럽게 생각하며 수용해봐야겠다고 생각했다. 나를 수용하는 일은 멋쩍고 민망하고 어색하지만, 나를 부정하는 것이 불안과 떨림 예방에 효과가 없다는 것을 근 몇 년의 경험으로 알았으니 수용으로 방법을 바꿔보려는 것이다.

'아, 지금 나 또 나이스하게 보이고 싶구나.'

'아, 나 또 소외될 것 같은 불안이 올라오는구나?'

그 상태를 인지하고, 불안을 수용하고, 출력 방법을 바꾸고자 하는 것이다. 나이스하게 보이고 싶은 마음은 오케이, 그렇다고 흥분해서 오버하지 말고 이야기의 알맹이를 잘 전달하고 끝. 거기까지 하고 관계는 천천히 이어나가는 것으로! 소외될 것 같은 불안한 마음은 오케이, 그렇다고 나에게 없는 캐릭터를 연기해서까지 무리한 행동은 안 하는 걸로! 이 회로를 익숙해질 때까지 연습하면 점차 오류 없이 정상 작동하게 되지 않을까. 그 도달하고 싶은 '정서적으로 안정적인 상태'로 말이다.

이 책을 쓰기 시작하고 얼마 안 되어 우연히 본 이탈리아 영화 <토스카나>의 마지막 장면에서 마음을 아주 편하게 해주는 문장을 만났다. 너무 좋아서 영화를 멈추고 그 문장이 나온 장면을 핸드폰 사진으로 찍어놓았다.

'딱 남들만큼 특별하다(Straordinario Come Tutti gli Altri).'

내 안에 비좁게 엉겨 붙은 채 불안으로 웅크리고 있는 '나'들을 "이제 나가 놀아." 하면서 조금씩 떼어 내보낸다면 내 안에도 좀 더 여유로운 자리가 생기지 않을까. 그러면 상대방이 잘 보이고, 이야기에도 몰입되고, 오롯한 관찰도 가능해지지 않을까. 타인의 기대나 평가를 신경 쓰며 하는 이야기가 아닌 진실을 찾으려는 내향인의 몸짓처럼, 나의 언어로 딱 내만큼만.

튀겨진 나의 아몬드

'발표불안'을 검색해보면, 스피치 학원과 종교계 블로그, 정신의학과 블로그에서 알려주는 대처방법이 조금씩 다르다.

일단 스피치 학원은 연습과 노력으로 이겨내야 한다는 쪽이다. 집에서 혼자 연습하면 목소리가 안으로 파고 들어가고 또 하다가 말게 되니, 학원에서 강사와 학생들과 함께 소리내어 말하는 연습을 하고 서로 관중이 되어 발표 상황에 자주 노출되면서 익숙해지라는 것이다. 스피치 학원은 회사원들이 많이 다니는 것 같던데, 회사에서 발표할 때는 내용 전달력과 경쟁력, 전문성까지 있어야 하니 확실히 잘 맞을 것 같다. 그런데 내 경우엔 주로 작가와의 대화나 작업 발표 자리여서 명확한 발음이나 자신감 있는 태도까지 필수는 아니기에 스피치 학원은 좀 들여다보다가 말았다. 나랑은 판이 다른 것 같았다. 아마 학원에 찾아갔었다면 상담 선생님은 나에게 "도대체 어느 정도의 발표력을 원하시는 건가요?"라며 헷갈려 했을 것이다.

발표불안을 걱정하는 질문 글에 종교계 블로거의 답글은 '세상의 이치와 마음, 진리, 인간사' 등 꽤 큰 범주에서 성의 있게 쓴, 긴 문장인 경우가 많다. 읽어보면 전부 납득할 만하지만 당장 발표에 눈이 멀어 자아를 잃을 것 같은 공포에 휩싸인 나같은 사람에게는 막막하게 느껴질 수 있다. 그래서 지금 당장 어떻게 하라는 건지, 알 수 없는 글로 보인다.

스피치 학원의 글이나 종교 쪽의 글에도 필요하거나 귀 기울일 만한 내용은 있어서, 여기서 좀 떼어 먹고 저기서 좀 떼어 먹으며 그때그때 도움을 받긴 했다. 그래도 나를 가장 편안하게 해준 건 정신의학과 블로그에서 찾아본 글이다. 바로 '편도체'에 관한 이야기다.

편도체는 대뇌에 있는 변연계에 속하는 부위인데 '감정이 개입된 사건에 대한 기억의 형성'에 중요한 역할을 한다. 그러니까 나의 경우 '많은 얼굴 앞에서 이야기하는 것은 공포다.'라는 감정과 '무언가를 잘해서 상대가 아주 만족스러워하는 반응이 있지 않으면 실패다.'라는 기억이 편도체에 강하게 남아 있는 것이다. 언젠가의 강렬한 부정적 경험이 각인되어서 그 비슷한 상황만 되면 불안해지는 것이다.

내가 이십 대 후반에 술을 많이 마셨던 것도, 술을 마시면 편도체가 마취되어 민감도가 내려가 여러 얼굴 앞에서 편안하게 이야기할(까불) 수 있어서였다. 그리고 술이 깨면 더 불안해했던 것도, 알코올이 날아가며 편도체가 과각성되었기 때문이다(실제로 알코올 중독자들에게 대인기피 증상이 생기는 것도 술이 깨면 편도체의 과각성 정도가 심해져서 그렇다고 한다).

그런데 이 편도체 반응은 흔히 말하는 정신력과 의지

로는 이겨내기가 어렵다고 한다. 그러니까 여러 사람 앞에서 이야기해야 할 때 '나는 편하다. 나는 아무렇지 않다. 나는 위험하지 않다. 이 상황을 이겨낼 수 있다.'라고 아무리 자신을 설득하려 해도, 편도체의 반응은 논리적이지 않기에 몸은 그대로 얼어붙고, 마음은 상황을 회피하거나 포기하고 싶어진다.

대뇌 속 아몬드 모양의 이 작은 부위는 오로지 경험을 통해서만 새로운 기억을 만들어나갈 수 있다. 그러니까 '어떠한 수용이나 새로운 시도'로 부정적인 기억을 조금씩 없애고 빈 부분을 긍정적인 기억으로 다시 채워야 편안함을 느낄 수 있게 된다.

그래서 나는 앞으로 오프라인 작가와의 대화나 카메라를 켜는 온라인 공유회가 있을 때, 슬슬 올라오는 긴장감을 그저 묵직하게 받아들여 견뎌보기로 했다. 내가 전할 말을 텍스트로 정리해놓고 어떤 태도로든(떨든) 그것을 전달했으면 그 자리가 끝난 후 복기하지 말고 끝내자고 생각했다. 표면상으로는 이전 방법과 다를 게 하나도 없는 것 같지만, 생각해보면 내가 가장 힘들었던 부분은 발표하기 전 며칠

동안의 난리법석(온갖 인터넷 검색)과 발표 후의 복기와 자책의 시간이었다. 이렇게 전 난리와 후 난리만 하지 않아도 발표에 대한 기억이 '묵직한 긴장감'으로만 저장되고, 계속해서 '전할 이야기'에만 초점을 맞춘다면 마음이 점차 정돈되어 나의 편도체도 안정에 이를 수 있지 않을까. (지금으로서는 묵직한 긴장감의 크기까지 줄이는 방법은 없다.)

그냥 내가 굉장히 긴장하는 사람이라는 것을 인정하고, 발표 즈음에는 명상이나 심호흡을 하며 묵직-하게 그 긴장감을 느끼고자 한다. 그리고 '사람들에게 내가 어떻게 보였을지'도 생각하지 않기. 그냥 나는 원래 '떠는 사람'인 것으로 못박아두기. 그래야 내가, 즉 내 편도체가 파도에 휩쓸리지 않고 좀 잔잔해질 수 있다.

내 아몬드(편도체)가 여태껏 튀겨진 상태로 꿀이나 술, 설탕에 범벅되어 있었다면 이제는 생아몬드가 되어보는 것이다.

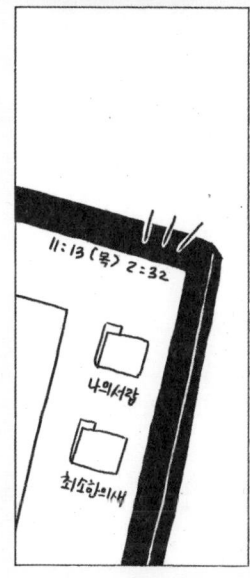

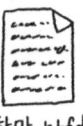

인정게임

온라인회의를 마치고 바로 PC를 껐다. 냉장고에 이틀 보관해둔 시원한 긴 맥주 한 캔을 따고 과자 봉지를 뜯은 다음 텔레비전을 켰다. 켜자마자 나온 채널에서 <유퀴즈>가 하고 있었는데, 50대로 보이는 남성 출연자(김주환 교수)가 '인정중독'에 관해 이야기하고 있었다.

불안정한 호흡으로 작업 이야기를 마치고 방금의 온라인회의를 복기하거나 자책하지 않으려고 텔레비전을 켠 것인데, TV 속 출연자는 "누군가가 나를 어떻게 생각하는

가가 왜 그렇게 중요한가요?"라고 묻고 있었다.

긴장을 풀기 위해 맥주를 크게 두세 모금 마셨겠다, 안 그래도 복기와 자책을 참고 있는 중에 얘기를 들어서인지 갑자기 울컥했다. 묵직한 긴장감을 그대로 받아들인 채, 표면적으로는 큰 사건도 아니니(그냥 온라인회의…) 굳이 호들갑 떨지 않으면 평범한 하루가 될 것 같아서 애써 모른 척 하려던 마음의 정곡을 콕 찔린 것 같았다.

"다른 사람도 날 평가할 이유 없고요, 나부터도 다른 사람을 평가할 이유가 없어요. 그저 타인을 사랑과 존중 그리고 연민의 마음으로 바라보면 돼요."

김주환 교수의 이야기를 끝까지 들으며 맥주 긴 캔 하나를 다 마셨고, 나는 취기가 살짝 올라 굉장히 차분해졌다. 아니, 편도체가 알코올에 마취되어 잠시 편안한 상태가 되었다.

내가 SNS를 한 지는 12년 되었다. 처음엔 머뭇머뭇 어색해하다가 점점 편하게 이야기를 쓰고 산책 사진과 작업물 사진을 올리며 사람들과 어울렸다. 프리랜서 작가로 살다 보니 어쩌다 있는 프로젝트로 인한 미팅이 아니면 혼자 지내는 시간이 많은데, 사람들과 연결되고 싶은 마음을 SNS로 충족한다.

긴 글 하나를 업로드하면 초등학교 동창 혹은 대학교 동창이 와서 '잘 보고 간다'는 글 하나 남겨주던 적막한 블로그와 달리, SNS는 매일매일이 시작한 지 두세 시간 된 편안한 술자리 같은 분위기였다. 친구의 사회적 이슈 발언 밑으로 한 번 정도 만난 적 있는 분의 꽤 깊이 있는 글이 올라오고 그 밑에는 아는 작가의 개인전 소식이 달리는, SNS 타임라인은 보통 공과 사가 어우러진 구성이다.

그냥 소소하게 담백했던 하루, 공유할 만큼 의미가 있는 것 같은 에피소드, 새로 그린 그림 이야기, 요새 생각하는 작업이나 고민을 촉이 올 때마다 글로 쓴다. 해가 갈수록 서로 친구를 맺은 사람이 늘어나고 '좋아요'와 댓글이 많이 달리는 날도 가끔 있다. 특히나 강한 촉이 와서 한달음에 써 내려간 글이나 오랫동안 진행하던 작업을 정리해서 올렸을 때 100명이 넘는 '좋아요'와 긍정적인 댓글이 달리면 흥분감이 매우 컸다. 술을 마시지 않은 상태인데도 뇌가 약간 취해 있는 것처럼 들뜨고 계속 늘어나는 '좋아요' 수나 댓글을 확인하게 된다. 매우 흥분되면서 아주 묘-하게 불안한 기분을 동시에 느낀다.

 개인전 소식으로 200개가 넘는 '좋아요'를 받았던 날의 다음 날, 또 소소한 이야기가 떠올라 글을 썼다가 뭔가 불안한 마음이 들어서 게시하지 않았다. 왠지 허무한 이야기인 것 같고 사람들이 별로 공감하지 않을 것 같다는 생각이 들어서였다.
 이렇게 내가 사람들의 반응에 좌지우지한다는 건 SNS를 시작하고 5년쯤 됐을 때 알아차렸다.
 이후로는 불안함을 인지하면서도 그냥 이고 지고 가져가면서, 어느 날엔 글을 올린 후 무반응에 침울해하고, 또 어느 날은 올린 그림에 반응이 좋아 짜릿한 만족을 느끼는 상태를 마구마구 반복했다. '그래, 뭐 이젠 돌이킬 수 없다. 그러면 프리랜서 미술인이 작업 이야기며 사적인 이야기를 어디에 노출하겠냐.' 생각하면서 태풍의 눈으로 돌진하는 심정으로 계속 썼다. '어차피 세상이 다 이렇게 자기 이야기며 일이며 SNS로 하고 있는데, 그러다 보면 또 익숙해지겠지. 일희일비도 계속되면 무뎌지겠지.' 하면서.

10년 넘게 해온 SNS의 꽤 빠른 호흡과 반응들은 작업에 도움이 되기도 하고, 더러는 일이 들어오는 계기도 되고, 계속 더 열심히 하고 싶은 자극, 성과에 대한 자극을 준다. 반면에 계속 노출되고 있는 상태에 대한 의식과 피드백에 대한 불안감도 꾸준히 같이 간다.
　SNS 반응에 일희일비하는 나를 인지하기 시작하면서 긴장감에 대한 고민도 꽤 진지하게 자리 잡기 시작했다. 창작활동을 한 지 10년 정도 될 즈음이었고, 프로젝트나 재단의 지원사업 공모 참여가 점차 늘어나던 시기였다. 이전에는 할 일이 없던 면접이나 다른 작가들과 함께하는 작업 프레젠테이션 횟수가 많아지면서 원래 가지고 있던 기질에 SNS까지 더해져 긴장과 불안이 극대화됐다.
　2009년 서울 마포구 서교동에서 참여했던 첫 단체전 제목이 <인정게임>이었는데, 그러고 보면 나는 15년째 계속 인정게임 중인 것이다.

새드엔딩

몇 개월간 나의 긴장감에 관해 몰두하면서 많은 개념을 접했다. 애착 관계, 나르시시스트, 수치심, 울렁증, 사회 불안증, 자기대상화, 자의식, 인정중독, 창조적 자기망각, 자기초월.

정리해보면 나는 어렸을 때 일관적이지 않은 양육 형태에서 불안한 애착 관계가 형성되었다. 학교에서도 자연스럽게 의견을 내는 게 아니라 선생님들의 일방적인 수업을 들으며 청소년기를 보냈고, 집에서는 부모님 기순으로 약간 탈선한 것 같은 언니가 아빠에게 반복해서 혼나는 것을 보면서 동시에 나는 '언니와 다르게' 행동하면 인정받을 수 있겠다고 생각했다.

언니처럼 부모님에게서 소외되지 않고 인정받고 싶어서, 자연스러운 나의 욕구보다는 더 열심히, 더 착하게 부모님에게 잘 보이려고 노력하면서 내면에 수치심을 차곡차곡 쌓아갔을 것이다. (이 부분에서 나르시시스트 개념도 좀 붙었겠다.)

그리고 대학에서 갑자기 달라진 커리큘럼에 놀란 동시에 여기서도 '매력적이게, 창의적으로' 잘하지 않으면 소외될 것 같은 두려움이 극대화되어 울렁증, 사회불안증, 자기대상화, 자의식이 강화되었다. 특히나 사람 자체의 매력이나 캐릭터가 작업 활동에 더 부각되는 미술인으로 살다 보니 인정중독에도 걸리게 됐다. 어디 보자, 빠진 게 뭐가 있나… 아, 창조적 자기망각과 자기초월은 내가 아직 가능하지 않은, 그저 부러운 상태의 개념이다.

그간 발표불안에 대해 정말 많이 검색해보았다. 그중 어느 고민게시판에서 꽤 높은 직급의 남자 회사원이 쓴 글이 기억에 남는다. 그는 회사에서 계속 여러 사람과 미팅하고 회의를 진행해야 하는 위치에 있는데, 그럴 때마다 심장도 떨리고 목소리도 떨리고 부하직원에게 그런 모습을 보이기가 너무 싫어서 힘들다고 토로했다. 그 밑으로 많은 댓글이 달렸다. 스피치 학원 권유, 처방약 추천, 호흡법 추천, 대본을 써서 연극 하듯 외우라는 조언, 완벽주의를 버리는 마인드컨트롤 권유, 반복되는 발표 노출…. 대개 보아왔던 해법들 중에서 다른 댓글 하나가 마음에 와닿았다.

'글 지우지 말아주세요. ㅜㅜ'

댓글을 쓴 이도 글쓴이와 비슷한 직책의 남자 회사원이 아닐까 싶었다. 자신과 비슷한 환경에서 비슷한 어려움을 겪고 있다는 이야기를 보면서 위로를 느끼고, 또 그 글에 달리는 댓글들이 자신에게 하는 말처럼 느껴져서 아마도 글이 계속 웹에 존재하기를 바란 게 아닐까.

사실 나도 인터넷에서 꼭 찾고 싶었던 게, 나처럼 미술인(이왕이면 비슷한 활동을 하는)의 발표불안 관련 글이었다. 글쓴이를 실제로 만나지 않더라도 글로나마 함께 몽롱서

리며 디테일한 사례들을 공유하고 어려움을 이해받고 싶었다. 근데 아직 못 찾았다. 미술작가 울렁증을 검색하면 '미술 울렁증'(발표가 아닌 미술에 대한 울렁증)에 관한 이야기만 주로 눈에 띄었다.

굳이 이 이야기를 책으로 쓰는 이유가 여기에 있다. 좁은 한국 미술판에서 발표불안을 느끼는 미술인은 더 적을 테니 수요는 미미하겠지만, 아무튼 여기 그런 사람이 꾸역꾸역 미술 하면서 발표하고 살고 있다고 하나의 사례를 내놓고 싶었다. 무려 발표불안 극복이나 성공 사례가 아닌 현재진행형 발표불안 미술인의 사례이니 더 위안이 되고 반갑지 않을까? (나는 '극복했습니다!'보다 '이렇게 어려움이 있습니다!'가 아직은 더 반갑다.)

아니 그래서, 내가 그렇다고 앞으로 SNS를 안 할 것이냐 하면 아니오. 나는 계속 SNS를 할 거다. 그러면 이 책을 내고 나서는 그 공포의 '작가와의 대화'를 안 할 것이냐 하면 그것도 아니다. 이게 나 혼자만의 일도 아니고… 제안이 오면 할 것이다. 그리고 또 이만큼 알아차렸으니 이제 좀 덜 떨 것 같냐 하면 그것도 당연히 아니다. 당장 내일 오후

다섯 시에도 수십 명이 함께하는 온라인회의로 작업 프레젠테이션을 해야 해서 이미 3일 전부터 마음이 묵직하다.

그저 불완전한 상태를 오픈할수록 편안해지는 걸 느끼기에 내 불안을 SNS에 썼던 것처럼, 또 하나의 자세한 '불완전한 나'를 여기에 글로 기록한다. 이왕이면 책을 읽고 나도 그렇다고, 나도 어려워하고 있다고, 혹은 이러저러하게 극복하고 있다고 이야기를 건네는 미술인이 있다면 정말 너무 반갑겠다.

같이 좀 어려웁시다. (DM이라도 주시길.)

사회불안증은 여러 사람 앞에서 발표하거나 활동할 때 불안을 느끼는 상태를 말한다. 공황장애와는 다르게 특정 상황(대중 앞에서 관찰되는 상황)에서만 유독 불안을 느낀다. 사람 만나는 것을 좋아하고 식당에서 혼자 밥을 잘 먹는 편인 내가 유독 작가와의 대화나 여럿이 함께하는 회의를 두려워하는 것처럼 말이다.

다른 사람은 나를 어떻게 생각하는가?

골몰해왔던 이 실문에 내한 답은 나만이 줄 수 있다는

것을 이제 알 것 같다. 더 믿을 만한 사람에게, 내가 더 좋아하는 사람에게, 혹은 나를 더 좋아해주는 사람에게 계속 질문을 해서 안정이 되는 대답을 들어도, 다시 불안이 올라오면 나는 또 다른 신뢰하는 사람을 찾아 저 질문을 하고 싶어 안달하곤 했다. 이제는 그 질문을 멈추려 한다.

어렸을 적 씨앗처럼 품은 혼란이 불안으로 자라났다. 내 몸이 커진 만큼 불안도 단단하게 자리 잡으며 커왔다. '확신'에 대한 집착은 왜 나이를 먹으며 더 집요해질까?
자랄 때 들어온 말과 주변의 관계 공식이 내 세상의 전부라고 생각해서 이후에 만나고 습득하는 것들에 모두 같은 공식을 적용했다. '잘하지 않으면 널 좋아하지 않아. 항상 다른 사람의 마음에 들게 노력해야 해.'
인정옥 작가의 드라마 <네 멋대로 해라>를 참 좋아하는데, 극 중 고복수(양동근)는 소매치기로 돈을 벌었다. 그러다가 전경(이나영)을 좋아하게 되면서 나쁜 일이 아닌 정상적인 일을 하고 싶어져서 스턴트맨을 하게 되고 첫 임금을 받는다. 그때 고복수는 "사람들은 이렇게 돈을 버는구나. 난 몰랐어…" 하며 기뻐서 길길이 날뛴다. 이 장면을 정말 좋아했다.

나는 미술을 선택하고 참 좋은 사람을 많이 만났다. 일상에서 아름다움을 발견하는 사람, 사람을 소중하게 생각하고 아끼려는 사람, 곤경에 처한 사람을 위해 용기 있게 발언하는 사람, 위로하고 편안하게 해주려는 사람.

사실 몇 번씩은 그런 아름다운 사람을 보면서 속으로 다른 마음을 품기도 했다. '사실은 아니면서, 착한 척하고 있어.' 그러다가 언젠가 이 어두운 생각을 반복하는 나를 인지했다. 그러면서 스스로에게 물었다. '나는 정말 그렇게 생각하는가?'

아니었다. 나는 나에게 좋은 면을 보여주는 사람들 편에 같이 있고 싶다. 하지만 내 눈은 그들을 비난할지도 모를, 그들의 숨겨진 나쁜 면을 찾아낼지도 모를, 그들에게 틀렸다고 말할 것 같은 사람들을 향해 있었다. 또렷하게 보이지도 않는 희뿌연 사람들을 향해서.

이 의심과 불신도 어릴 적 떠안은 혼란의 씨앗에 들어있던 것일까? 좋은 사람들과 안정적으로 교감하는 횟수가 늘어날수록 나는 소매치기를 하던 고복수가 스턴트맨을 하고 싶어진 것처럼, 첫 임금을 손에 쥐있을 때처럼, 긍정적인 감정을 자주 느꼈다. '사람들은 이렇게 마음을 주고받는구나. 난 몰랐어. 그리고 의심했어. 그런데 이거 정말 좋은 거구나….'

어쩌면 미술을 시작하고 내가 사람들 앞에서 굉장히 많이 떨어온 10여 년의 시간이 사실은 나아지는 과정이었던 건 아닐까. 너무 괴롭고 어렵고 두려워서, 금방 나아지지 않으니까, 역시나 나는 안 되는 사람인가 보다 했지만 사실 나는 되게 느리게 나아지는 부류의 사람일지도 모른다.

'잘할 거 아니면 아예 하지 마.'라고 하는 것은 강박이고 극단적인 흑백논리다. <네 멋대로 해라> 이야기를 조금 더 해보면, 전경(이나영)이 키보드를 치는 밴드인 '미완성 밴드'에 새 보컬로 별리(전혜진)가 들어온다. 별리는 평소에 큰소리를 잘 치는 '쎈캐'인데 무대공포증을 갖고 있다. 그는 첫 공연에서 노래를 한 소절도 부르지 못하고 내려왔는데 멤버들은 그를 비난하지 않았다. 왜 미리 말하지 않았냐고는 했지만, 적어도 전경은 별리를 이해하고 염려했다. 그리고 별리는 다시 일상에서 큰소리를 떵떵 쳤다.

일상에서 장난치고 짓궂게 농담하고 활기 있는 내가

주목을 받으면 얼어버린다는 것이 나 자신에게는 큰 오류고 숨기고 싶은 비밀이었다. 비난과 질책의 씨앗을 가지고 있는 나는 스스로에게 어두운 말을 잘했다. '주목받으면 하지도 못하면서, 큰소리치기는.'

주목받으면 얼어붙긴 하지만 나는 활기 있는 사람이고 웃기고 싶은 사람이다. 다른 사람에게 잘 보이고 싶은 사람이고 무언가를 잘하고 싶은 사람이다. 이왕이면 주목받았을 때도 잘하면 좋겠지만, 아직 그럴 능력이 없다. 할 수 있는 것에 비해 욕망이 크다는 것을, 너무 꼴 보기 싫게 생각하지 않기로… 마음먹는다.

세상에는 나쁜 사람도 많지만 내가 직접적으로 알고 있는 사람들은 좋은 사람이 훨씬 많다. 얼굴도 모르는 이들을 신경 쓰며 부정적인 생각에 마음을 쓰기보다 내가 알고 있는 좋은 사람들을 떠올리며 믿을 수 있는 감정에 마음을 줄 것이다.

집필 후기

여름에 글쓰기를 시작해서 다 써가니 한겨울이 되었다. 상태가 크게 달라진 것은 없는 새드엔딩이어서 마지막 글을 쓰는 지금, 추운 방에서 침잠한 마음으로 있다.

어제는 좋아하는 미술작가의 북토크가 있어서 그림 그리는 친구와 함께 다녀왔다. 오랜만에 여러 사람이 있는 곳에 가니 긴장했지만, 다른 사람의 작업 이야기가 너무 듣고 싶은 요즘이었다. 혹시나 또 '돌아가면서 이야기하는' 시간이 있을지 몰라 염려했지만 큰 설렘에만 집중하려고 했다.

작가의 작업에 대한 고민과 생각의 줄기를 가까이에서 보게 되어 아주 만족스럽게 북토크가 마무리되어 갈 때, 역시나 출판사 대표님이 '돌아가면서 소감을 이야기하는' 시간을 갖자고 제안했다. 그 말을 듣는 순간 어김없이 심장이 쿵 내려앉았다. 1년이 넘도록 이 부분에 몰입해 글을 쓰고 정보를 찾고 상담도 받고 생각을 정리했지만, 나는 새드엔딩이니까. 이젠 너무나 익숙하기까지 한 불안의 시간.

나처럼 발표불안이 있는 사람 열 명 정도가 주기적으로 만나면서 이야기하고 서로 나아지는 시간을 갖는 워크숍을 해보면 좋을 것 같아 검색을 해봤는데 수년 전의 모집 글들만 찾을 수 있었다.

이 책이 나오면 SNS에 책을 알리는 게시물을 쓰면서 계속해서 나처럼 발표불안이 있는 미술인을 수소문해볼 거다. 매년 지원사업 심사나 작업 프레젠테이션, 작가와의 대화 혹은 사석에서도 벌벌 떨거나 굳은 채로 불편한 생활을 하고 있을 동료를 찾아내 같이 편안해지는 연습을 꼭 해보고 싶다.

대단한 스피치력, 매력적인 커뮤니케이션, 리더의 말하기까지는 꿈도 꾸지 않는다. 그저 이야기에 집중하여 말하고 상대의 이야기에 완전히 몰입할 수 있는 편안한 상태, 적어도 '고장 나 있지 않은 상태'를 경험하고 싶다.

지금은 슬프고 침잠되어 있지만 나는 계속 말하고 찾고 만날 것이다. 그리고… 나는 절대로 작가와의 대화 때 관객들에게 '돌아가면서 이야기하자'고는 하지 않을 것이다…. -_-

고장 난 기분

초판 1쇄 발행 2025년 4월 15일

지은이 전지
편집·발행인 박희선
디자인 조성미

발행처 도서출판 가지
등록번호 제25100-2013-000094호
주소 서울 서대문구 거북골로 154, 103-1001
전화 070-8959-1513
팩스 070-4332-1513
전자우편 kindsbook@naver.com
블로그 www.kindsbook.blog.me
페이스북 www.facebook.com/kindsbook
인스타그램 www.instagram.com/kindsbook

ISBN 979-11-93810-07-1 (03810)

* 이 책은 저작권법에 따라 보호를 받는 저작물이므로 무단전재와 무단복제를 금합니다.